Camino a la Excelencia

Formación y Retención del Talento empresarial

A mi esposa Yane

Acerca del autor

Preparador mental de deportistas de alto rendimiento (Cuba). Director de Recursos Humanos, Calidad e Inversiones en empresas del sector siderúrgico y petrolero. Vicepresidente del Grupo Industrial Siderúrgico ACINOX. Consultor de empresas petroleras o asociadas a la siderurgia, así como de emprendedores y pequeños empresarios privados.

Autor de variadas publicaciones relacionadas con la excelencia empresarial.

Información de contacto:

rodecastellanos@gmail.com

https://www.linkedin.com/in/rodeloy-castellanos/

PRÓLOGO

"Al final, todas las operaciones de negocios pueden ser reducidas a tres palabras, gente, producto y beneficios. A menos que tengas un buen equipo, no tienes mucho que hacer con las otras dos".

Jack Welch

¿Cómo cultivar el talento en nuestras empresas? Acostumbramos a enfocarnos en los productos y servicios, en la situación económico-financiera del negocio, en nuestros clientes, y perdemos de vista la calidad de la gente que hace todo eso posible.

Da la impresión que es un tema que se nos va de las manos. Improductividad, fallas de calidad, fluctuación o despido vienen a ser la punta del iceberg que representa contar con un equipo de trabajo poco desarrollado.

Pero lo que fue una predicción a finales del siglo XX en el presente constituye una fuerte realidad: estamos compitiendo con (y por) nuestros Recursos Humanos, un Capital Intelectual y Humano cada vez mejor cotizado en el Mercado Laboral. Se hace clara la necesidad, en cualquier empresa, de aprender cómo fomentar **campeones internos**, gente capaz e implicada que un día cualquiera se pregunten en medio de la jornada: *¿Me emplearé a fondo? ¿Aprenderé a la velocidad requerida? ¿Sé cuál es mi capacidad? ¿Podré compartir el conocimiento?*, y su respuesta sea un seguro Sí.

Camino a la Excelencia. Formación y Retención del Talento empresarial

Incentivar aprendizajes efectivos y multiplicarlos en la organización consiguiendo niveles superiores de desempeño y competitividad se convierte en estos días en un problema estratégico de primer orden.

El Aprendizaje Organizacional se transforma en el verdadero origen de la ventaja empresarial (Dierickx y Cool, 1989; Amit y Schoemaker, 1993)[1] y la obtención de estas ventajas se concibe sobre la base de una adecuada gestión de personas en la empresa (Kamoche, 1996; Lorange, 1996; Mueller, 1996)[2]

Correlativamente observamos como se incrementa la rotación de personas, especialmente los trabajadores más calificados y valiosos, pues todas las empresas apuestan al mejor, y una nueva situación de "poder del empleado" se configura frente a nosotros.

Varios expertos llaman la atención sobre como deja de ser la empresa y comienza a ser el hombre, dueño del Capital Intelectual, quien "controla la situación". En este sentido "se producirá el mismo fenómeno que ha tenido lugar en el área de relaciones con los clientes" (Improven Consultores, 2002)[3] Ya aparece, aunque a veces sólo se maneje en forma implícita, el concepto de "segmentos de empleados", cada uno de ellos diferente del

---

[1] Dierickx, I. y K. Cool: "Asset Stock, Accumulation and Sustainability of Competitive Advantage" en Management Science, Vol. 35, 1989. pp. 1504-1511.

[2] Kamoche, K.: "Strategic Human Resource Management within a Resource-Capability View of the Firm" en Journal of Management Studies, vol. 33, No. 12, marzo, 1996. pp. 213-233.

[3] Improven Consultores: La guerra por el Talento. Junio 2002. Disponible en: http://www.gestiopolis.com/canales/derrhh/articulos/39/talento.htm

Camino a la Excelencia. Formación y Retención del Talento empresarial

resto y con propuestas de valor ajustadas a sus niveles de contribución, tal y como sucede en el área de gestión de clientes.

Fidelizar al trabajador que realiza los aportes más significativos a la empresa y posicionarse en el Mercado Laboral[4] como una institución atractiva a los ojos de quienes están en condiciones de trabajar se convierte en otro de los no fáciles desafíos que enfrenta la organización moderna en busca de competitividad.

¿Cuánto nos cuesta perder trabajadores esenciales? ¿Qué los motiva al cambio y cómo podemos fidelizarlos? Estas son preguntas importantes que necesitamos responder si vamos a convertir el factor humano de la empresa en una poderosa palanca de competitividad.

Gerentes, supervisores, especialistas de recursos humanos, todos necesitan trabajar en la nueva dirección.

"De gestionar cifras a gestionar voluntades, de preparar nóminas a preparar y desarrollar personas".

"Medir desempeño, estimular la creatividad y descubrir el potencial de los trabajadores".

"Crear el entorno adecuado para que personas ordinarias pueden producir resultados extraordinarios".

"… dedicarse en cuerpo y alma a facilitar herramientas de progreso".

---

[4] Esta acción se conoce como "Employer Branding", un sistema de gestión de la marca de la empresa, su nombre comercial e imagen corporativa para atraer el talento hacia la misma.

ÍNDICE

PRÓLOGO 4

ÍNDICE 7

FORMACIÓN TOTAL. Capacitación y Competitividad Empresarial hoy 9

    INTRODUCCIÓN 10

    GESTIÓN DE PERSONAS: REVOLUCIÓN DEL PENSAMIENTO 12

    TRES CONCEPTOS FUNDAMENTALES 15

        Aprendizaje Organizacional 15

        Gestión del Conocimiento 17

        Capital Intelectual 20

    CULTURA DE FORMACIÓN EN LA EMPRESA 22

    SOCIEDAD DEL CONOCIMIENTO Y NUEVA ECONOMÍA 25

    FORMACIÓN BASADA EN COMPETENCIAS - FBC 27

    NIVELES DE APRENDIZAJE 30

    OPCIONES FORMATIVAS PARA UNA NUEVA ÉPOCA 32

        Adiestramiento Transformacional 32

        Tutoría Estratégica 33

    PLAN DE CAPACITACIÓN 35

    EVALUACIÓN DE EFECTIVIDAD 38

    CONCLUSIÓN 43

RETENER el Capital Humano. Gestión esencial en la empresa del siglo XXI 46

    EL COSTO DE PERDER A NUESTRA GENTE 47

RAZONES PARA DEJAR LA EMPRESA 51

    Motivación 51

        Teoría de las Expectativas de Vroom 51

        Teoría de la Equidad de Stacey Adams 52

        Teoría de los Dos Factores de Herzberg 53

EL CONTRATO PSICOLÓGICO 57

    El Contrato Psicológico no es estático 58

    Violación del Contrato 60

VAMOS A FIDELIZAR AL TRABAJADOR EFICAZ 63

    Segmentar para fidelizar 64

    Acciones de fidelización 65

ASUMIR PRODUCTIVAMENTE LA FLUCTUACIÓN 67

CONCLUSIONES 69

FORMACIÓN TOTAL. Capacitación y Competitividad Empresarial hoy

> "Estoy convencido que nada de lo que hacemos es más importante que contratar y desarrollar personas. Y al final del día, apuestas por la gente, no por estrategias".
>
> Lawrence Bossidy

En estas páginas nos acercaremos a un enfoque cuyo llamado es hacia el negocio que aprende, que gestiona su capital intelectual y mide la efectividad de sus acciones en un ámbito donde proceder así adquiere crecida relevancia en términos de competitividad. A este punto de vista le denominamos **Formación Total** con el objeto de remarcar su alcance y la ruptura que supone en comparación con los modelos usuales de capacitación. Si la capacitación tradicional es un tema técnico difícilmente interesante a otro que no sea el capacitador, *Formación Total* en cambio es un tema holístico, lleno de pasión y que define a ojos vista la competitividad de la organización.

La actualidad del tema, la necesidad crucial de un avance económico más ágil y de una más eficaz aplicación de la riqueza intelectual con que contamos; estas y más razones justifican el empeño ciertamente amplio del presente trabajo: *estimular la puesta en marcha de una efectiva filosofía de gestión del talento humano en el seno de las empresas.*

Camino a la Excelencia. Formación y Retención del Talento empresarial

INTRODUCCIÓN

Todos deseamos la compañía de colegas y colaboradores brillantes, o cuando menos que sean personas que nos infundan energía positiva, optimismo, ganas de ir adelante, personas que conozcan y sepan qué hacer. Con un equipo así la vida empresarial es una aventura envidiable.

Cierto es que hoy asistimos a un escenario francamente opuesto a lo anterior: nuestro nuevo milenio se ha bautizado con el nombre de postmodernidad y lo que significa es que muere el romanticismo de los ideales, prima la urgencia y el carácter utilitario y desechable de todas las cosas, incluidas las personas, campea en el mundo el individualismo y la violencia, y la apariencia importa mucho más que la realidad de las cosas. Lejos de cultivar el ejercicio del criterio la orientación es a memorizar y a vivir un placer fácil y desprovisto de valores.

A pesar de esto existen discursos y realidades que niegan de plano tal concepción. En estas páginas vamos a ocuparnos de una alternativa concreta: el sector empresarial. Y es que a la empresa le urge sobrevivir, fortalecerse, vitalizar su moral, desarrollarse, y para ello requiere ser muy activa, conciente de su posición en el mercado, de las oportunidades que emergen, los riesgos que se corren. En este ambiente el hombre no es un mero consumidor o una cifra estadística, tampoco es, a nadie se le ocurra pensarlo, simple "mano de obra". Él es el protagonista de la historia, con razón llamado el activo más preciado de la institución.

Aunque no aparece en los libros contables el Ser Humano, su motivación, lealtad y habilidades poseen un valor altísimo, intangible, que hace con frecuencia la diferencia entre el éxito y el fracaso.

Camino a la Excelencia. Formación y Retención del Talento empresarial

Nuestras empresas necesitan urgentemente aprender el modo de potenciar su *Capital Humano*, necesitan cambiar. Dicho con palabras comunes y corrientes, se impone aprender el arte de *fomentar campeones* en nuestras organizaciones, gente capaz e implicada, que un día cualquiera se pregunten en medio de la faena: *¿me emplearé a fondo? ¿aprenderé a la velocidad requerida? ¿sé cuál es mi capacidad? ¿podré compartir el conocimiento?* y su respuesta sea un convencido SÍ en todos los casos.

Constatamos, y es uno de los incentivos de este trabajo, que en el mundo actual el conocimiento ya no es una opción, en un poderoso imperativo. Pero no el conocimiento atesorado individualmente sino el compartido, aquel que afecta el modo de actuar de grupos enteros. De eso trataremos aquí, de cómo aprender y hacer que valga la pena, que se expanda y comparta en toda la empresa dando el mejor resultado posible. Vamos a abordar en este sentido dos cuestiones fundamentales y contemporáneas, dos cuestiones que interesan a quienes desean asegurarse un posicionamiento sólido en el mercado:

¿Cómo lograr aprendizajes efectivos y cómo multiplicarlos en la empresa consiguiendo niveles superiores de competitividad?

Camino a la Excelencia. Formación y Retención del Talento empresarial

GESTIÓN DE PERSONAS: REVOLUCIÓN DEL PENSAMIENTO

Si quisiéramos traducir en pocas palabras en qué consiste la Gestión de RRHH, podríamos afirmar que se trata de **atraer personas a la empresa, retenerlas y desarrollarlas hasta potenciar al máximo su contribución.**

La actividad de Capacitación constituye, en el marco de estos tres momentos esenciales, uno de las actividades mejor ancladas y definidas. Desde los albores del desarrollo industrial los empresarios se preocuparon por fijar estándares y luego capacitar a sus empleados para cubrir la brecha (la otra opción era el despido, y esto sólo cuando el negocio perdía velocidad)

Es así como la *función formativa* en la empresa ha estado sujeta a un claro proceso de desarrollo y en el presente presenciamos un notorio punto de viraje, sencillamente *no podemos seguir capacitando como lo hacemos*, la práctica actual ya no es capacitación en el sentido estricto de la palabra.

Propongo repasar los siguientes planteamientos cuya idea central es la "búsqueda del resorte humano" como sello distintivo de la sana y efectiva gestión de personas (Publicado por *ABC Nuevo Trabajo*)

"De gestionar cifras a gestionar voluntades, de preparar nóminas a preparar y desarrollar personas. Ningún colectivo empresarial ha visto evolucionar de forma tan radical sus cometidos"

"… no se puede hablar de evolución, sino de revolución. Un abismo no se puede saltar en dos veces, o lo saltas o te matas. Y eso es lo que está ocurriendo ahora. Nos encontramos en un abismo que nos obliga a cambiar. Hay que crear nuevos modelos"

Camino a la Excelencia. Formación y Retención del Talento empresarial

"Medir desempeño, estimular la creatividad y descubrir el potencial de los trabajadores, campo de batalla del especialista de RRHH"

"… debe aportar herramientas y convertirse en un asesor de aquellos que tienen personas a su cargo. Debe aportar herramientas pero no ejecutar. La clave está en convertir a los directivos de nuestras empresas en directores de RRHH de sus departamentos"

"Crear el entorno adecuado para que personas ordinarias pueden producir resultados extraordinarios… deberá convertirse en socio del negocio y en agente de cambio"

"… dedicarse en cuerpo y alma a facilitar herramientas de progreso"

Estos planteamientos son realmente revolucionarios, marcan una renovación de pensamiento genuina y notemos dónde se ubica el énfasis: *Formación y Desarrollo del Ser Humano*. Podemos afirmar llenos de confianza que la auténtica gestión de personas y del talento humano reclama un lugar de primera fila en el mundo que nos toca vivir.

Si tenemos dudas respecto a esta necesidad de cambio J. Goldsmith y K. Cloke (2002) nos recuerdan lo que ha sido experiencia común para quienes trabajamos en empresas:

"Todos nos hemos encontrado con empleados que parecen casi despiertos, que despilfarran sus vidas laborales, que se ciegan a sí mismos ante lo que está sucediendo dentro y alrededor de ellos, que hablan y actúan de forma no auténtica, que no les importa lo que hacen, cómo lo hacen, para quién o por qué. En realidad muchos de nuestros puestos parecen habitados por muertos vivos, zombis que se envuelven a sí mismos en un trance hipnótico…" (p. 22)

Camino a la Excelencia. Formación y Retención del Talento empresarial

Sentimos inquietud ante un panorama como el descrito, escena común que explica un número importante de las fallas en la productividad o calidad de nuestras empresas. Urge una pregunta, la más sincera que podríamos formularnos: "¿Estamos brindando experiencias de aprendizaje que conformen las competencias cognitivas, emocionales, interpersonales y de liderazgo que se requieren para en éxito en la «nueva economía»?" (W. Bennis Ídem, p. 22) Esta es una cuestión esencial.

TRES CONCEPTOS FUNDAMENTALES

Ha llegado el momento de cambiar el estado de cosas que prima alrededor de la gestión de personas. ¿Cómo hacerlo? ¿A qué nociones acudir para entender y orientar nuestra acción?

Un primer acercamiento podrían ser perfectamente tres conceptos que se reiteran en el pensamiento empresarial moderno, me refiero al *Aprendizaje Organizacional*, la *Gestión del Conocimiento* y el *Capital Intelectual*.

Aprendizaje Organizacional

El tema *Aprendizaje Organizacional* sin dudas redimensiona el problema de la formación en la empresa, permite acercarse mucho más al "mundo real de la empresa" y nos deja claro que el final último de la capacitación debiera ser fomentar aprendizaje organizacional o carecerían de sentido las inversiones que se hacen al respecto.

Tom Peters tiene una afirmación popular en este sentido, parafraseándolo: …, el éxito en el mercado está en proporción directa con el conocimiento que puede aplicar una organización, con la rapidez con la cual puede aplicar ese conocimiento y con la rapidez con la que acumule el conocimiento.

"Las organizaciones que aprenden detectan, diseñan y nutren prácticas de aprendizaje y ayuda en la creación de significados compartidos. En ellas se faculta a la gente a analizar y transformar su cultura; a revelar lo que evita su aprendizaje y a eliminarlo […] Para crear organizaciones que aprenden y relaciones que apoyan a la gente a convertirse en autodirigidos, responsables, concientes, auténticos, congruentes y comprometidos, estas cualidades deben formar parte del proceso de aprendizaje y de las *metodologías* por medio de las cuales se dominan estas habilidades" (Goldsmith y Cloke p. 182-183)

Si intentamos representarnos estas cualidades en una empresa concreta coincidimos con lo que B. Guns y K. Anundsen (p. 5-6) denominan ORA (*Organización de Rápido Aprendizaje*)

- La empresa funciona en un ambiente de apertura: retroalimentación recíproca y honesta, incesante deseo de mejorar, ausencia de reacciones defensivas por demás innecesarias

- Se enfoca en la superación: el trabajador reconoce que no hay aprendizaje sin aplicación

- Dirige a los equipos como si fueran negocios. Estos equipos son equipos empresariales, se dirigen a sí mismos como micro negocios que producen una línea básica

Esta clase de empresas se enfocan en que el trabajo se realice mejor. Consideran el aprendizaje como la forma idónea de mejorar a largo plazo el rendimiento. Organizaciones de Rápido Aprendizaje, en Aprendizaje Permanente, Metanóicas, no importa tanto el nombre como la esencia. La capacitación eficaz de nuestros colaboradores, colegas y líderes, cuando se acompaña de una atmósfera de confianza mutua, una cultura donde compartir el conocimiento es un valor central, esta capacitación penetra en la cultura de la organización, se arraiga en su identidad, contribuye a definir sus rasgos distintivos, y le aporta la flexibilidad y capacidad de adaptación rápida que necesita para cumplir su encargo social con competitividad.

El ideal es que cualquier trabajador, a cualquier nivel, se formule como cosa lo más natural del mundo las siguientes preguntas: ¿Nos estamos enfocando en lo esencial que debemos aprender? ¿Vamos aprendiendo en la forma apropiada?

Un emotivo resumen de todo esto son las palabras de J. Welch al definir el aprendizaje en su empresa:

"... Inspiran al personal para aprender porque la excitación y la energía que obtienen del aprendizaje son enormes y esto da energía a la organización (...) Se debe dar un ambiente de aprendizaje a los equipos de trabajo, donde el cielo es el límite (...) habrá que pelear día tras día contra la burocracia que restringe el aprendizaje (...) habrá que eliminar la actitud en el personal de «Yo sé nueve cosas y te enseño ocho»; y convertirla en «Te enseñaré nueve cosas hoy y mañana por la mañana te enseñaré la décima»" (J. Welch, exCEO de General Electric. Cit. por Mertens, p. 32)

Es decir que desde el Aprendizaje Organizacional se está expresando el interés en romper el viejo paradigma de la capacitación individual para avanzar hacia el aprendizaje de toda la organización como garantía de eficacia. Y lo que es más importante, "formarse" no termina entonces de ninguna manera en el aula, le sigue el intercambio con los líderes, los colegas, el entrenamiento cruzado entre miembros de un equipo, la multiplicación, la retroalimentación honesta, todo un corolario de consecuencias que parecen tan desafiantes como deseables y que, es cierto, renovarán la atmósfera de trabajo dentro de cualquier organización hasta convertirla en algo distinto y especial.

Gestión del Conocimiento

No es difícil que enlacemos Aprendizaje Organizacional y *Gestión del Conocimiento* dentro del contexto de la actividad de capacitación. Este es otro concepto que necesitamos activar con fuerza. Según palabras de J. M. Caracho, observemos qué notable definición, la Gestión del Conocimiento viene a ser un proceso de gestión organizacional cuyo objetivo es *identificar el conocimiento que producen los trabajadores de alto desempeño para convertirlo en información que pueda ser re-utilizada por el resto de los empleados de la empresa.* Simplemente "la empresa está comenzando a darse cuenta de la importancia de «saber qué es lo que sabe» y de hacer el mejor uso de este conocimiento (Macitosh, 1997. Cit. por Zorrilla)

Aprendizaje Organizacional es proceso, cultura; Gestión del Conocimiento, la tecnología necesaria para arribar a él. Se trata de dos conceptos complementarios y esenciales para entender de qué hablamos.

Gerenciar el conocimiento, en esta era de la información donde cualquier conocimiento corre el riesgo de envejecer antes de madurar, no es una tarea sencilla y aquí no vamos a detallar todo lo que podría hacerse en este campo pero sí, una vez marcado el derrotero, compartir un conjunto de principios esenciales a tener en cuenta cuando deseamos una buena gestión.

Principios de la Gestión del Conocimiento (de acuerdo con T. H. Davenport, 1997. Cit. por Zorrilla)

1. *Es costosa:* Capturar el conocimiento en procedimientos o transferirlo a sistemas explícitos, desarrollar infraestructuras para su distribución, todo esto es costoso y debemos tenerlo en cuenta

2. *Es política:* Se requiere cultivar la opinión de ciertos líderes para conseguir la valoración y uso del conocimiento

No debemos subestimar la influencia que ejercen determinados ambientes y culturas empresariales en la aplicación del conocimiento.

Sobre este actúan prejuicios, intereses diversos y a veces conflictivos. En este sentido es correcto decir que "el aprendizaje tiene una dimensión técnica y una dimensión político-cultural" (Jakupec; Garrick, 2000. Cit. por Mertens2, p. 16)

3. *No es natural:* "Si mi conocimiento es un recurso valioso, ¿por qué debo yo compartirlo?"

Esto tiene que ser una acción motivada a través de premios, compensaciones, evaluación del desempeño, etc. *Lotus Development*, por ejemplo, tiene definido que el 25 % del total de la evaluación del desempeño de sus trabajadores está dado por compartir el conocimiento. *Buckman Laboratorios*, por su parte, hace mención de sus cien mayores "compartidores" del conocimiento en una reunión anual especial.

4. *Significa mejorar los procesos:* Si se reconoce que se deben hacer mejoras reales en la gerencia del conocimiento, también se deben hacer mejoras en los procesos. Sencillo, una vez que perfeccionamos nuestro saber podemos y estamos en la obligación de mejorar nuestra manera de trabajar.

5. *El acceso al conocimiento es sólo el principio:* Si el acceso al conocimiento fuera suficiente habría largas filas a las entradas de las bibliotecas. También se requiere la atención y compromiso del trabajador.

Para que estos, en calidad de consumidores del conocimiento, presten atención y se comprometan con el conocimiento deben llegar a ser más que receptores pasivos. Se busca un contacto más estrecho y eficaz con el conocimiento cuando tenemos que resumirlo y reportarlo al resto de nuestros colegas y al superior. ¿Por qué no hacerlo?

6. *Es interminable:* Nunca llega el momento en que se pueda decir que el conocimiento está completamente gestionado, los criterios de "conocimiento necesario y suficiente" siempre están cambiando.

Capital Intelectual

La Gestión del Conocimiento implica, además del desarrollo de procesos de Aprendizaje Organizacional, otro resultado importantísimo, que es en sí un nuevo concepto de trabajo vital para pensar con sentido económico el tema de la capacitación en la empresa, estamos refiriéndonos al *Capital Intelectual*.

No contamos con un criterio único que defina de manera universal el Capital Intelectual, este novedoso concepto, pero podemos atenernos a la definición de Edwinson y Malone. Ellos en su libro "El Capital Intelectual", luego de un amplio recorrido por varios criterios afirman: "Capital intelectual es la posesión de conocimientos, experiencia aplicada, tecnología organizacional, destrezas profesionales, que dan a la empresa una ventaja competitiva en el mercado" (cit. por J. G. Altuve)

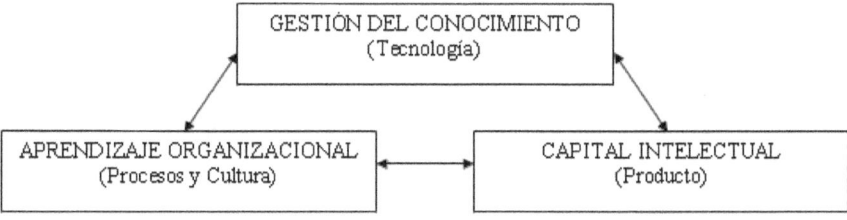

Fig. 1. Integración recíproca de conceptos fundamentales

Camino a la Excelencia. Formación y Retención del Talento empresarial

Si es cierto, y lo es, que el Capital Intelectual es un activo de tanto valor, y que pasa por el *know how* de la empresa, por su capacidad de aprender y gestionar el conocimiento, temas que ya vimos, es comprensible que no descuidemos este punto en calidad de *variable crítica*, sensor de la efectividad de la gestión y significación última del trabajo que realiza el capacitador.

En resumen, el ser humano esta avocado a dar un salto de rendimiento y esto sólo dentro de organizaciones que aprenden, gestionan su conocimiento y lo capitalizan. El futuro no parece probable concebirlo en otras manos que en aquellas que descubrieron cómo trabajar juntos y aprovechar la experiencia.

CULTURA DE FORMACIÓN EN LA EMPRESA

Hace poco más de medio siglo una empresa podía pasarse sin manejar el concepto de Cultura Organizacional, sin atender qué pasaba con el sentir, percepciones y valores de su gente. Por muchas razones, sociales y económicas, esto no era importante.

Desde entonces el mundo como sabemos fue cambiando, así también el ejercicio del liderazgo y un día E. Shein habló de este constructo. *Cultura Organizacional* es ese conjunto de valores, creencias, emociones que existen en una empresa, son el resultado de su historia y todos han aprendido que precisamente esas maneras de pensar, actuar y sentir son las mejores y dan resultado. Esto es Cultura Organizacional, y cuando no está de acuerdo con la visión, estrategia y valores de la administración termina afectando la Cuenta de Resultados (demostrado)

En pleno siglo XXI no hablaremos sólo de Cultura Organizacional, sino de una expresión particular de esta y que nos interesa en el marco de la reflexión que venimos haciendo. En una empresa podemos hablar de la existencia o no de una *Cultura de Formación*.

Comparto el criterio que mientras nuestras acciones de capacitación, experiencias de multiplicación del conocimiento, desarrollo de destrezas vitales para la empresa, mientras todo esto por bien pensado que esté no se arraigue como un elemento nuclear en la Cultura de la organización, nada significativo habremos logrado y es muy posible que todavía estemos gastando más que invirtiendo con la actividad de formación.

Hablar de cultura de formación implica un cambio importante puesto que todas las organizaciones aprenden, pero *no todas se basan en el aprendizaje*; hoy en día la mayoría se concentra en el rendimiento y en esto estriba una profunda diferencia que debemos notar y considerar seriamente.

"Quizá la idea más emocionante respecto a la capacitación durante los últimos años ha sido la llamada «organización que aprende» […] ¡No es lo mismo una compañía que ofrece gran cantidad de capacitación! Como es obvio, la capacitación es una característica clave, pero es un subtema del objetivo general de crear una **cultura de aprendizaje continuo** en la que participan todos los empleados "(Cowling, Cáp. 5)

Un capacitador competente debiera iniciar su trabajo concibiendo la capacitación como elemento clave, causa y consecuencia de la cultura de la organización y necesitará trasmitir esta idea a todos los interesados (e interesar, vender la idea al *staff*)

La capacitación como elemento de la cultura de la empresa implica:

- Filosofía de trabajo
- Apoyo a necesidades reales
- Compromiso de todos con la formación
- Resultado de la actividad de líderes como los principales promotores
- Acción y opción para todos
- Gestión permanente, continua
- Impostergable diferencial competitivo

La organización donde predomine una auténtica cultura de formación dará las siguientes respuestas a la pregunta: ¿Qué es la formación? (ver gráfico)

Camino a la Excelencia. Formación y Retención del Talento empresarial

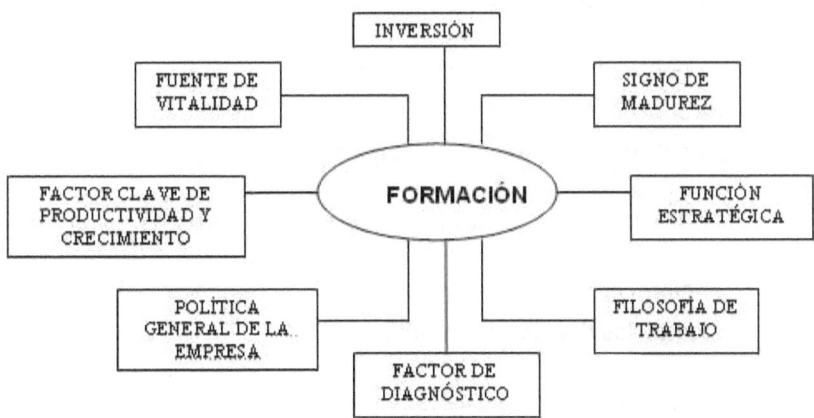

Son estos los componentes de una cultura de formación según Marrero (p. 8) e invito sin demora a un autocuestionamiento. Quizás encontremos las causas de muchos de nuestros poco felices desempeños.

SOCIEDAD DEL CONOCIMIENTO Y NUEVA ECONOMÍA

Todo lo que hemos analizado se inserta en una realidad social que lo legitima sobradamente. C. E. Marrero (2001) resume lo que denomina las *claves de la nueva sociedad*, a saber (p. 8)

- De la sociedad industrial a la del conocimiento
- El conocimiento como gran recurso económico por encima del capital, las tierras y las máquinas
- Desarrollo de empresas cuya materia prima fundamental será el conocimiento
- Disminución del empleo en la industria
- Crecimiento de los servicios
- Desaparición de la mano de obra administrativa
- Desaparición progresiva de la burocracia
- Revolución del directivo: inestable, creativo

El cambio es verdaderamente dramático, y aunque no se dejará sentir igual en el Primer y Tercer Mundo, su impronta es clara y definitoria. En el marco de esta realidad "Nadie podrá esperar que el acervo inicial de conocimientos constituido en la juventud le baste para toda la vida, pues la rápida evolución del mundo exige una actualización permanente del saber" (Informe de la UNESCO. Cap. 5, Comisión Internacional sobre la educación para el siglo XXI, cit. Taller de Capacitación INCOMEX, p. 23)

Esta "nueva sociedad" exige un respaldo consagrado en materia de formación. La Declaración de Sintra, VIII Conferencia Iberoamericana de Educación, en su cuarto Consideramos es explícita cuando afirma (Cit. Taller de Capacitación INCOMEX, p. 19) "Que la información y el conocimiento cobran en este contexto un nuevo significado, tanto en los procesos productivos como en lo social y cultural, constituyéndose en **elementos estratégicos**" (el resaltado es nuestro)

Razonemos, no descuidemos la celeridad con que marchamos hacia la Sociedad del Conocimiento, esta Nueva Economía que demanda una habilidad tremenda para crear, usar y multiplicar una clase de saber especial, un saber que produce resultados.

FORMACIÓN BASADA EN COMPETENCIAS - FBC

"¿Cómo?..." Ya no deseamos continuar revolviendo conceptos, preferimos hablar acerca del *qué*, *quién* y *cuándo*. Necesitamos conocer el cómo hacer de la capacitación un motor de cambio, competitividad y riqueza real para nuestra organización. Es útil en este sentido que retomemos la idea que no todos los saberes producen resultados, también los hay estériles, pura información hueca de toda aplicación. Mucha "cultura" incapaz de traducirse en acción práctica y progreso. Estos conocimientos, sobra decir, no son verdadero capital intelectual y abundan en nuestro entorno.

Atendiendo a lo anterior necesitamos comprender que es la *Gestión por Competencias* el punto de partida de toda capacitación verdaderamente eficaz. "Debería ser – afirma Zúñiga – el *leit motiv* de los actuales programas de formación" (Zúñiga, 2000)

Levy-Leboyer expresa: "... la noción de competencias es una recién llegada al vocabulario de los psicólogos del trabajo y, más en general, de los gestores de recursos humanos" (Levy-Leboyer, p. 35) Pero por novedosa no puede ser incomprensible o conceptualmente mal tratada.

Gestión por Competencias es nuestra cuarta referencia vital en este avance hacia una actividad de Formación y Desarrollo (F + D) en verdad efectiva. Competencia es aquello que nos permite tener éxito, que se vincula causalmente al éxito y que necesitamos entrenar. Competencias no es un concepto abstracto, es comportamiento, debemos ser capaces de palparlas, medirlas; debemos saber que están ancladas en conductas observables y contribuyen a la idoneidad del trabajador.

Camino a la Excelencia. Formación y Retención del Talento empresarial

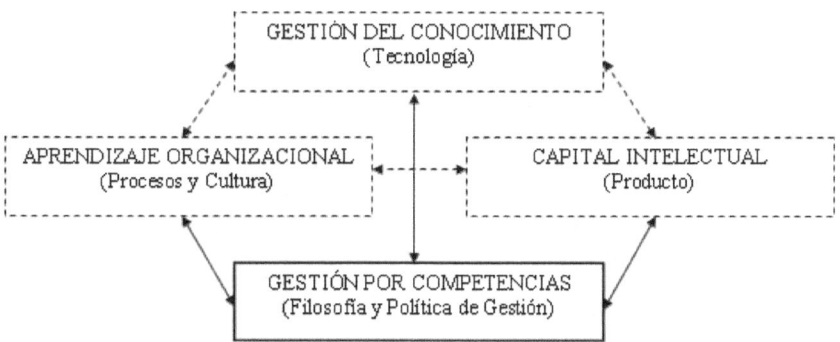

La Gestión por Competencias, en tanto filosofía y política de gestión de las personas en una organización, modela los aprendizajes que realmente necesitamos (nuestro *capital*) y así también define cómo aprenderemos, cómo haremos realidad ese nuevo conocimiento o habilidad que hace posible el éxito de la empresa. Gestión por Competencias, dicho en un leguaje más empresarial, es lo que hacemos para *asegurar tener a la persona correcta en el lugar correcto en el momento correcto*.

Cuando capacitamos sólo propiciamos esto: formar, arraigar y desarrollar competencias. Para mejor comprensión de las competencias distingamos tres clases:

1) **Cualificación:** lo que sabe el personal experto

2) **Talento:** sus habilidades, destrezas, capacidad de índole genérica o específica

3) **Talante:** la voluntad, los deseos, los motivos, los gustos y valores que disponen a la persona a hacer lo que está previsto.

Camino a la Excelencia. Formación y Retención del Talento empresarial

Impresiona como la capacitación comienza a ampliar su radio de acción, viaja del *saber* al *saber hacer*, hasta llegar al *querer hacer*. *Una buena acción formativa debe movilizarnos en estos tres niveles si esperamos de ella algún retorno o beneficio para la empresa.* Esto es muy importante tenerlo en cuenta. Es sentido común y precisamente de eso trata la *Formación Basada en Competencias* (FBC)

Revisemos algunos de los preceptos de este modelo de trabajo, a modo de guía y para un mejor entendimiento de la capacitación cuando se apoya en competencias (Adaptación de Mertens, p. 93 con base en Harris, et. al. 1991)

1. Las competencias que el trabajador tendrá que cumplir son cuidadosamente identificadas
2. La instrucción se dirige al desarrollo de cada competencia y a una evaluación individual de las mismas
3. La evaluación toma en cuenta el conocimiento, las actitudes y el desempeño de la competencia como principal fuente de evidencia
4. La instrucción es individualizada al máximo posible
5. Las experiencias de aprendizaje son guiadas por una frecuente retroalimentación
6. El énfasis es puesto en el logro de resultados concretos
7. El ritmo de avance de la instrucción es individual y no por tiempo
8. La instrucción se hace con material didáctico que refleja situaciones y experiencias reales.

NIVELES DE APRENDIZAJE

Hasta aquí vamos "deshilando" el problema de la capacitación en el ámbito organizacional y aparecen conceptos imprescindibles como lo es la Formación Basada en Competencias y, cuáles competencias, sería válido preguntarnos ¿Dónde está la exigencia del momento al factor humano? ¿Qué es lo que necesitamos de la gente? Autoliderazgo, iniciativa, creatividad, lealtad, motivación… todo esto nos da un pie forzado para introducir otro aspecto importante y casi obvio cuando hablamos de Capacitación: existen *Niveles de Aprendizaje*.

No es lo mismo aprender el procedimiento para conciliar Cuentas por Cobrar que actuar frente al Cliente deudor gestionando habilidosamente la relación para no perderlo, y esto todavía está lejos de parecerse a lo que significa "sentir" el desempeño de la empresa como algo propio. Son niveles que nos afectan en formas distintas y que deben ser planeados cuidadosamente.

K. Anbender (Ref. por Goldsmith y Cloke, p. 183) apunta que moviéndonos de conferencias y entrenamientos hacia acciones donde se propicie el diálogo y el autoexamen cambia el énfasis de los resultados de la capacitación: de saber y saber hacer, lograremos comprender y lo más importante, movilizar nuestro modo de ser. La figura que sigue está inspirada en la distinción de Anbender.

Recordando las palabras de un querido profesor, nuestra profesionalidad es real cuando, de una manera de estar en situación se convierte, sencillamente, en una manera de ser y es algo intrínseco a nosotros.

Niveles de Aprendizaje

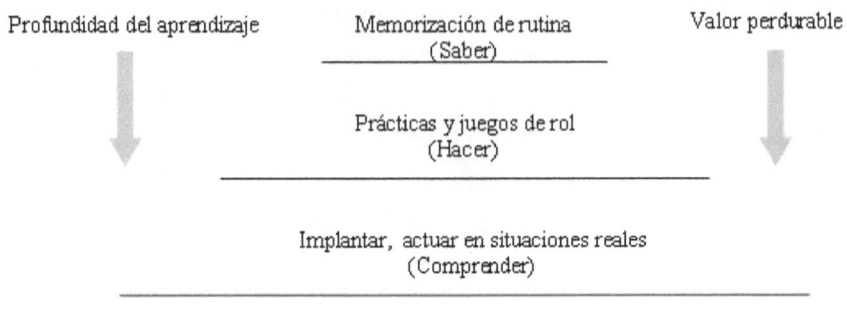

Ese es el mensaje final de esta representación. Cada nivel refleja competencias con valiosas funciones pero el Autoexamen y el diálogo, el ejercicio y vivencia del liderazgo, el asumir valores reguladores efectivos de nuestra conducta, todo esto produce la máxima integridad y un liderazgo más comprometido en un período por demás de mayor duración que cualquiera del resto de las prácticas anteriores. *Estos son, además, los procesos de aprendizaje primarios de las organizaciones que aprenden.*

OPCIONES FORMATIVAS PARA UNA NUEVA ÉPOCA

Reitero la idea que las empresas no pueden continuar capacitando como hoy lo hacen, eso ya no es capacitar en el sentido de proveer capacidad o habilidad real. La exigencia actual es mayor y la oferta de información, que es lo que usualmente significa "ir a un curso" no nos prepara para estar a la altura del momento. Existen excepciones (raras) y también áreas de conocimientos donde es más fácil llegar a la práctica pero el denominador común es que la capacitación no explora los Niveles de Aprendizaje más necesarios, aquellos que fomentan cambios en toda la Empresa y le aportan habilidad para ser mejor Organización.

Vamos a conocer dos opciones formativas muy peculiares que no son empleadas por nosotros normalmente. Estas rompen el esquema tradicional, son novedosas, se ejecutan sin la intervención de terceros y guardan mucha relación con los enfoques más modernos en pedagogía: trato personalizado, educar más que instruir, formar valores.

En nuestra Política de Capacitación y objetivos debiéramos plantearnos una postura donde, inteligentemente, hiciéramos uso de estas alternativas. Propongo considerar a los Jóvenes Talentos, Directivos Jóvenes, Puestos Clave, como los primeros beneficiarios de lo que aquí se expone.

Adiestramiento Transformacional

El punto de vista del adiestramiento transformacional no es simplemente ayudar a la gente a ser más hábil y exitoso, sino alentarlos a *creer* en sí mismos, en quiénes son y quiénes pueden ser.

Camino a la Excelencia. Formación y Retención del Talento empresarial

El adiestrador descubre y comunica las capacidades especiales y los talentos de cada persona, facultándolos a contribuir de formas únicas al esfuerzo mayor. Por esta razón se extiende necesariamente más allá de mejorar el desempeño a cambiar la vida de aquellos a quienes adiestran.

"Los adiestradores escuchan buscando pasión, valores y compromisos, observan su traducción en acción, y hablan en forma de cerrar las brechas entre ellos… Incluso puede parecer que el adiestrador es más apasionado y comprometido que el «jugador», pero el adiestrador sólo está llamando y dando la atención hacia los primeros principios del ejecutante en momentos clave de decisión" (Goldsmith y Cloke, p. 77)

El adiestramiento transformacional necesita mirar bajo la superficie, despertar a la gente y retarlos a cambiar, no de forma menor que evite entrar en sus asuntos fundamentales, sino de forma que alteren sus vidas y les permita dejar atrás sus viejos patrones y descubrir formas de ser más profundas y auténticas. Balancea el reforzamiento positivo con la percepción crítica. Proporciona retroalimentación para cambio de dirección.

Tutoría Estratégica

"Todos necesitamos tutores […] para ayudarnos a ser más estratégicos, en otras palabras, para mostrarnos cómo vincular nuestras intenciones con los resultados que queremos… Los tutores organizacionales emplean su vasta experiencia, antigüedad, contactos y comprensión de los detalles, sutilezas y complejidades de las políticas y cultura organizacional a fin de revelar los ocultos mecanismos de comunicación, crear vínculos que están más allá de nuestro alcance, guiarnos a través de los laberintos del poder, y enseñarnos la estrategia para el éxito intencional" (Goldsmith y Cloke, p. 90)

Camino a la Excelencia. Formación y Retención del Talento empresarial

De manera sencilla, los tutores estratégicos nos despiertan y trabajan como artesanos en un enfoque cuidadosamente planificado para el auto-desarrollo decidido, aumentan nuestra capacidad de aprender.

A diferencia del adiestrador, centran su atención en el contexto que nos envuelve más que en nuestro ser.

Observemos los resultados de un programa de tutoría reportado por Gallup (ref. por Goldsmith y Cloke, p. 93)

- 81.9 % de los tutorados reciben evaluaciones del desempeño sobre la media o excelentes. Línea base de este programa: 40.9 %

- La autoconfianza con relación a la promoción aumentó del 63.6 % antes al 90.9 %

- La capacidad para la toma de decisiones mejoró del 81.9 % al 95.5 % después de introducir el programa

- El 95.5 % planteó continuar en la organización después de la tutoría opuesto al 72.7 % inicial

Por demás, el proceso de tutoría puede emplearse para ayudar, no sólo a individuos, sino a equipos de trabajo completos y departamentos, permitiéndoles que afinen sus habilidades colectivas, mejoren su capacidad de auto-dirección, detecten problemas en sus relaciones y procesos y posicionen al equipo o departamento estratégicamente dentro de la organización. Cada equipo se convierte así en un motor de ventaja estratégica para el beneficio de la organización como un todo

PLAN DE CAPACITACIÓN

Si existe un documento que resume y da cuerpo a lo que hasta aquí hemos expuesto, ese es el *Plan de Capacitación*. Me atrevo a afirmar que es uno de los planes de empresa menos reconocidos y monitoreados, a veces sólo el capacitador lo ha visto.

Al Plan de Capacitación le falta ciertamente rigor y ante todo sentido de plan. Es diferente la realización de una acción formativa, o de muchas acciones formativas, que el desarrollo de un plan de formación. Muchas empresas caen en este error y se contentan enumerando la "gran cantidad" de acciones en el año.

"... el hacer muchos cursos de formación no conlleva a un aumento de la productividad en la empresa, o un aumento en la motivación y estima del empleado... Es más, una formación mal planificada o realizada simplemente al azar, conlleva unos efectos colaterales de desmotivación y de falta de confianza..." (INCOMEX, 2do Taller de Formación, p. 11)

Todo Plan de Formación es un medio y no un fin en sí mismo. Por ello se deben perseguir en todo momento unos objetivos perfectamente definidos antes de emprender las acciones formativas. Se ha de evitar poner en marcha acciones inconexas o aleatorias.

Definir claros objetivos de capacitación, que ante todo aporten valor a la gestión de la empresa, que se sumen a la "dirección central del golpe" (como diría un amigo) es en esta actividad tan importante como en cualquier otra.

Para que sea efectivo en principio este plan debe ser sumamente sensible a todas las necesidades de capacitación que le dan origen. Estas son de distinto tipo, normalmente podremos agruparlas en tres categorías:

Camino a la Excelencia. Formación y Retención del Talento empresarial

Necesidades del individuo

Consiste en las expectativas de cada individuo de cara a su mayor profesionalización: este plan sería altamente motivante pero poco operativo por el exceso de demanda

Necesidades del Puesto de Trabajo

Se llama necesidad a todo aquello que le falta a un titular para dominar su puesto de trabajo. Así pues es la diferencia o brecha que existe entre el nivel requerido y el nivel que exhibe la persona. La participación del supervisor es fundamental en este diagnóstico y muchas veces falla por esto. Es la concepción más tradicional.

Necesidades de la Organización

El posible peligro del plan anterior estaría en que sólo se enfrenta a problemas actuales dejando a un lado los problemas futuros. Las necesidades de la organización contemplan este aspecto. Como queda claro estas necesidades vienen definidas casi exclusivamente por la dirección de la empresa.

Resumiendo, las expectativas del trabajador en cuanto a capacitación y sus necesidades en el puesto permiten la creación de equipos de trabajo eficaces. El proyecto de la organización estructurará a los equipos de trabajo y los coordinará eficientemente.

Considerando las tres fuentes origen de necesidades de formación el capacitador se orientará a diseñar un *Plan Integrado de Formación*. Este debe recoger las necesidades ubicadas en la zona sombreada de la figura siguiente.

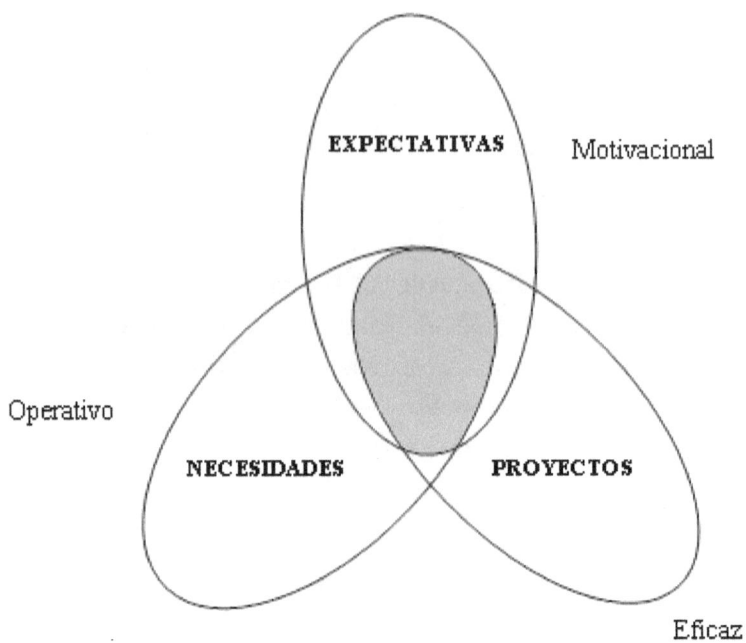

Las expectativas e intereses del trabajador, los requerimientos del puesto y los proyectos de la empresa muchas veces podrán entrar en contacto y serán esas las necesidades de capacitación en las que vale la pena invertir. Es la manera que tenemos para otorgar a nuestro planeamiento los atributos de Eficaz, Operativo y Motivante. Es así como el trabajador se interesará en el conocimiento, lo utilizará en el puesto, y su contribución será importante para las metas de la organización. Estamos hablando de *capacitación efectiva*.

EVALUACIÓN DE EFECTIVIDAD

El interés en este aspecto surgió hace algunos años, un breve recuento lo deja claro.

1999	Evaluación de las acciones formativas: los cuatro niveles (D. L. Kirkpatrick)
1998	Guía práctica para cuantificar los resultados de la formación (P. A. Wade)
1997	Cómo rentabilizar los costes de formación (A. Ramírez del Río)
1992	Cómo medir la efectividad de la capacitación (L. Rae)
1991	Cómo invertir en formación (G. le Boterf)
1987	Costo de los Recursos Humanos: su impacto financiero en la Organización (W. F. Cascio)

En el presente, sin embargo, evaluar la efectividad de la capacitación se ha convertido en casi una obsesión para los especialistas del tema. Factor condicionante importante: la Norma ISO 9001, pues plantea este requisito en su punto "Competencia, Conciencia y Capacitación".

En nuestro entorno han proliferado los grupos de investigación para acometer la tarea de construir modelos de evaluación de efectividad pero no parece que esta sea una cuestión que podamos dejar en manos exclusivas de la universidad. Es asunto del empresario cuidar sus recursos y hacer rendir el capital y la capacitación, sabemos, es una inversión poderosa o un gasto irracional. Estamos obligados a aprender cómo evaluar si es efectiva o no.

La referencia más fuerte que tenemos para orientar este trabajo en la empresa es D. L. Kirkpatrick, por ser uno de los que mejor sistematiza los resultados actuales sobre el tema. Según este autor cualquier acción formativa es susceptible de valorarse en *cuatro niveles*:

I. **REACCIÓN** (¿Gustó la acción?)

II. **APRENDIZAJE** (¿Aprendieron?)

III. **TRASFERENCIA** (¿Usaron lo aprendido?)

IV. **IMPACTO** (¿Se benefició la empresa?)

Sin respuesta a estas preguntas no podemos hablar de *Evaluación de Efectividad*. Sin respuesta a estas preguntas sería absurdo capacitar porque estaríamos jugando con el presupuesto.

Cada uno de dichos niveles tiene sus propias exigencias toda vez que tocan aspectos distintos, sean emocionales, cognitivos, comportamentales, aspectos económicos, comerciales u organizativos. Dejemos establecidos algunos requisitos que, en cada en cada uno de ellos, aseguran la efectividad de la acción:

I. REACCIÓN

- Asistencia voluntaria
- Mucha participación
- Recompensas

II. APRENDIZAJE

- Contenido altamente focalizado
- Mucha práctica de lo que se pretende enseñar
- Partir de la comprensión del trabajo real que se realiza

III. TRANSFERENCIA

- Centrarse en capacidades de alta demanda en el puesto
- Capacitar grupos intactos (equipos de trabajo en su conjunto)
- Proveer práctica y apoyo en el puesto de trabajo

IV. IMPACTO

- Enfocar solamente capacidades críticas para la misión del puesto o empresa
- Capacitar grupos intactos
- Proveer práctica y apoyo en el puesto de trabajo
- Definir con claridad cómo se vería un desempeño exitoso (Criterios de Desempeño)
- Convertir los beneficios a un sistema de medida de interés para la empresa

Con estos requisitos el capacitador ya tiene una orientación, un rasero por donde medir cuánto de acerca o se aleja de las condiciones planteadas para gestionar con efectividad las acciones de capacitación.

La propuesta de niveles también nos deja claro que el fin último de la capacitación es generar *Impacto*, de nada vale que nos guste, que aprendamos, que usemos incluso el conocimiento, si esto no arroja beneficio real para la empresa.

Camino a la Excelencia. Formación y Retención del Talento empresarial

Impacto

A este nivel de evaluación queremos dedicarle un apartado especial por la importancia y complejidad que encierra. ¿Cómo valorar impacto?

La perspectiva económica sería la más clásica. En este caso intentaríamos calcular el ROI: *Retorno de la Inversión*. Relacionando los Beneficios contra Inversión obtenemos un índice objetivo que nos dice cuánto ganamos respecto a lo invertido.

Aplicar el ROI para evaluar el Impacto es posible cuando el beneficio de la capacitación puede traducirse en un beneficio económico, en efectivo, cuando es tangible.

Si con la capacitación conseguimos una mejora en los niveles productivos, almacenes mejor administrados, más ventas, menos gastos, más cobros, menos rechazos, etc., todo esto es posible interpretarlo financieramente y a su vez podríamos valorar si lo que pagamos por capacitar al hombre para obtener estos resultados fue rentable.

El escollo está en que no todos los beneficios que persigue la capacitación son tangibles. No siempre se traducen en un resultado comercial concreto, en dinero.

Si hacemos memoria recordaremos que la capacitación obedece a múltiples necesidades, más personales, más de la organización. Podemos capacitar para desarrollar motivación y sentido de pertenencia. Podemos brindar mucha capacitación para fomentar cultura empresarial e identidad corporativa. En ocasiones iremos en busca de habilidades diversas, que implican mayor productividad, pero en tareas de corte administrativo, indirectas a la producción y por tanto con pocas posibilidades de enlazarlas a un resultado económico.

Camino a la Excelencia. Formación y Retención del Talento empresarial

En estos casos ROI no es viable para evaluar impacto de la capacitación y aunque para algunos, más apegados al pensamiento cuantitativo, sólo los números miden, lo cierto es que podemos acudir a otro esquema también factible: el ROE, *Rentabilidad de las Expectativas*.

"Mida si su programa de formación produjo los resultados deseados basándose en lo que su Cliente aceptará como evidencia de mejoramiento" (IDI Symposium Evaluation of Training Impact, 2001)

Esta es la esencia del ROE, evaluar si cumplimos o no con las expectativas de quienes esperan algún beneficio de la capacitación. <u>Por eso es de tan vital importancia contar con una imagen clara de cómo se verá el desempeño exitoso después de recibida la acción.</u>

Retorno de la Inversión o Rentabilidad de las Expectativas, ambos constituyen modelos de pensamiento y herramientas esenciales que en manos del capacitador pueden significar información valiosa a la Alta Dirección respecto al Impacto de la capacitación, los beneficios palpables que la empresa recibe con esta actividad.

CONCLUSIÓN

Este trabajo ha sido un recorrido, un viaje por un conjunto de áreas posibles cuando hablamos de capacitación en la empresa. Fue el intento de redefinir una actividad subvalorada y, en cambio, clave de competitividad en el día de hoy. Si bien no nos propusimos profundizar en todas las aritas del problema, cada una lo suficientemente vasta, aporta coordenadas, principios, alertas y en alguna medida criterios prácticos y técnicos para organizar la tarea o supervisarla según el caso.

Si el directivo y el capacitador pueden, con esta lectura, acercarse y dialogar; si el capacitador por su parte consigue añadir algo significativo a la gestión de empresa en que se ve inmerso, o si la organización en su conjunto descubre el placer y eficacia de operar dentro de una Cultura de Formación; entonces este trabajo habrá cumplido su cometido y sólo nos resta superarlo.

BIBLIOGRAFÍA

Altuve, J. G (2002) Capital Intelectual y generación de valor. Disponible en: www.monografias.com/

Bennis, B (2002) Prólogo a la obra *"El Arte de Despertar a la Gente"*. Ídem

Cowling (s/f) Administración de Personal. Ed. Prentice Hall (edición digital)

Goldsmith, J y K. Cloke (2002) El Arte de Despertar a la Gente. Publicado por el Centro Coordinador de Estudios de Dirección, MES. La Habana

Guns, B y K. Anundsen (s/f) Aprendizaje Organizacional. Cómo obtener y mantener la ventaja competitiva. Ed Prentice Hall (edición digital)

INCOMEX (2001) Informe de la UNESCO. Cap. 5. Comisión Internacional sobre la educación para el siglo XXI en: La Capacitación Empresarial para el 2001. 2do Taller. Instituto de Comercio Exterior, La Habana

INCOMEX (2001) VIII Conferencia Iberoamericana de Educación. Declaración de Sintra. "Globalización, Sociedad del Conocimiento y Educación" en: La Capacitación Empresarial para el 2001. 2do Taller. Instituto de Comercio Exterior, La Habana

Levy-Leboyer, C. (1997) Gestión de las Competencias. Ediciones Gestión 2000, S. A., Barcelona

Marrero, C. E. (2001) "Una variante competitiva básica del siglo XXI: la formación de los recursos" en: La Capacitación Empresarial para el 2001. 2do Taller. Instituto de Comercio Exterior, La Habana

Mertens, L (1996) Competencia Laboral: Sistemas, surgimiento y modelos. Organización Internacional del trabajo (Cinterfor/OIT) Montevideo

Mertens, L$_2$ (2002) Formación, productividad y competencia laboral en las organizaciones: Conceptos, metodologías y experiencias. CINTERFOR/OIT, Montevideo

Trujillo, N. (1999) "Selección efectiva de personal basada en competencias". Trabajo presentado en el XXVII Congreso Iberoamericano de Psicología. Caracas

Zorrilla, H (s/f) La Gerencia del Conocimiento y la Gestión Tecnológica. Disponible en: www.geocities.com/Research Triangle/ 1872/km.htm

Zúñiga, F. (2000) "De las virtudes laborales a las competencias clave: un nuevo concepto para antiguas demandas" en Boletín CINTERFOR No. 45, mayo-agosto

RETENER el Capital Humano. Gestión esencial en la empresa del siglo XXI

> "El único valor vital que una empresa tiene es su experiencia, habilidades, innovación y conocimientos de sus empleados".
>
> Leif Edvinsson

En páginas anteriores nos concentramos en la capacidad y necesidad imperiosa que tiene la empresa de convertirse en una organización inteligente, flexible, que aprende y gestiona con efectividad su conocimiento. Hablábamos de una institución presta al cambio y de un salto consecuente en la gestión de personas, donde acudimos fundamentalmente al *Ser* del trabajador más que a sus habilidades y conocimientos. Nos referimos al fomento de *"campeones"* en la organización y la pregunta que sigue es inevitable:

¿Y si deciden unirse a un empleador más interesante?

La Fluctuación o Rotación del personal constituye un indicador tradicional en la Gestión de Recursos Humanos. Claro, una vez más el dato queda en manos de los técnicos en gestión y los verdaderos gestores de personas, jefes y supervisores, permanecen sin saber tratar con esta cuestión.

¿Cuánto nos cuesta perder trabajadores esenciales? ¿Qué los motiva al cambio y cómo podemos fidelizarlos? Estas son preguntas importantes que necesitamos responder si vamos a convertir el factor humano de la empresa en una poderosa palanca de competitividad.

EL COSTO DE PERDER A NUESTRA GENTE

Gestionar la retención de las personas que hacen las mejores contribuciones a la empresa, o propician el aporte de otros dada su experiencia y relaciones, es una tarea que requiere primero sensibilidad respecto al costo de perderlas.

"...: las consecuencias de la separación de un empleado calificado van mucho más allá de los costos, ciertamente elevados, de contratación y de información de su sucesor... esta separación puede ocasionar el bloqueo de un proyecto o perturbar las sólidas relaciones establecidas con los compañeros de trabajo y los clientes y traducirse en la desaparición de una masa de conocimientos acumulados tras una larga experiencia, lo que constituye un revés grave para una empresa" (Hirschfeld, 2006)

K. Hirschfeld nos avisa acerca de aquellos "daños colaterales" de la fluctuación que usualmente no consideramos por mucho que sí sufrimos sus consecuencias.

Quien se va lleva consigo un conjunto de conocimientos (y relaciones, alianzas, colegas) que no pueden almacenarse en una documentación o base de datos, es un *saber hacer* práctico e intuitivo que para trasmitirse exige una interacción estrecha entre las partes. La empresa se queda sin capacidad para aprovechar experiencias pasadas y termina por, tras mucho esfuerzo, "reinventar la rueda" (Kransdorff, 2003. Ref. por Hirschfeld, 2006)

Con la partida de trabajadores claves se deteriora la propia eficacia del sistema de gestión. Recordemos que las relaciones interpersonales en la empresa están condicionadas a las personas más que a las funciones del puesto que ocupan y son estos vínculos los que mantienen en marcha el motor pues es importante en los procesos de trabajo que las personas se conozcan y mantengan relaciones basadas en la confianza mutua. Este "capital relacional" es un freno importante a la simple sustitución de un trabajador por otro.

Si continuamos nuestro análisis encontramos que, además de los costos de reclutamiento, se añaden los costos mismos de la vacante dado que el trabajo se tendrá que redistribuir entre los demás colaboradores y colegas afectando el cumplimiento de metas ya establecidas y los propios estilos de desempeño.

De igual modo el período de integración de los nuevos trabajadores no solamente ocasionará costos vinculados con los programas de orientación y formación, la empresa debe prever que la productividad del recién llegado será débil durante un período considerable. Un estudio realizado llega a la conclusión siguiente:

"Se necesitan hasta 6 meses para que un empleado nuevo llegue a adquirir una productividad correcta en su trabajo. Necesita 18 meses para integrar la cultura de la empresa y 24 para conocer realmente la estrategia y la actividad de la empresa en la que ha entrado a formar parte". (Birchfield, 2001. Ref. por Hirschfeld, 2006)

Resumiendo, en el momento que se marcha un trabajador la empresa va a incurrir en alguna medida en los siguientes costos:

1) Costo de los conocimientos perdidos y la imposibilidad de usarlos.

2) Costo de redistribución de funciones producto a la vacante.

3) Costo de reclutamiento y selección.

4) Costo de Integración.

5) Costo de formación.

6) Costo de baja productividad inicial.

Aunque no todos son susceptibles de una traducción monetaria traemos a colación dos métodos posibles, según el caso.

Una *variante cualitativa* para el cálculo de los perjuicios en términos financieros comienza por considerar el puesto de que se trata, su complejidad, y la dificultad de encontrarle un reemplazante adecuado (esto podría traducirse en una escala), aplicando entonces una fórmula empírica que consiste en decir que estos costos representan grosso *modo* el 150 % del salario anual del trabajador (Teltschick 1999. Ref. por Hirschfeld, 2006) Hagamos cuentas.

Podríamos emplear una *variante cuantitativa*, por otra parte, cuando se trate de puestos directos a la producción. En ese caso las pérdidas pueden expresarse como volumen de producción dejado de realizar en un determinado tiempo, y se pueden considerar en dinero o términos físicos de producción (Curbelo, 2004)

Para dicho cálculo se empleará la siguiente fórmula:

PEF = PDT * HDF

Donde:

PEF = Pérdidas económicas por fluctuación.

PDT = Productividad diaria del trabajador.

HDF = Hombres – días perdidos por fluctuación.

Lo sabemos, es inusual que estos análisis se realicen con seriedad en las empresas. Tampoco los Estados Financieros encuentran el camino para reflejar e interpretar tales cuestiones y es lamentable pues aspiramos elevar la capacidad de respuesta de nuestras organizaciones. El hecho es que estamos incurriendo en una serie de gastos importantes que no contabilizamos y suelen ser, en la actualidad, aquellos que hacen la diferencia por estar estrechamente asociados al factor humano y el nivel de gestión que somos capaces de desarrollar.

RAZONES PARA DEJAR LA EMPRESA

Ciertamente esta es una pregunta íntima, que apunta a esa fibra que nos hace humanos, seres motivados, dueños de autoestima, con una historia; nos preguntamos sobre los móviles de una conducta que entraña por lo general una decisión difícil.

La decisión de cambio de empleo, que ya vimos puede ser muy costosa para la empresa, puede darse de dos maneras: cuando responde al deseo de poner término a una relación de empleo insatisfactoria, dicho de otra manera, el trabajador siente que existen razones que le *empujan* a cambiar. La otra alternativa la tenemos cuando está motivado por factores que le *atraen* hacia un nuevo empleador.

El primer caso es más infeliz sin dudas pero en ambos la empresa ha fallado a la hora de considerar las motivaciones de su personal más valioso.

Motivación

Debiéramos repasar algunas de las más populares y validadas teorías de la motivación humana, aquellas que mejor pueden ayudarnos a comprender las fuerzas internas que chocan y movilizan a la persona que decide abandonar la empresa.

Teoría de las Expectativas de Vroom

Esta teoría sostiene que las personas altamente motivadas son aquellas que perciben ciertas metas e incentivos como valiosos para ellos y, a la vez, entienden que la probabilidad de alcanzarlos es alta.

Motivación = Expectativas de Éxito x Valor del Resultado

Camino a la Excelencia. Formación y Retención del Talento empresarial

Los puntos que prefiero destacar de esta concepción son:

- Todo esfuerzo humano se realiza con la expectativa de un cierto éxito o recompensa.
- El sujeto confía en que si se consigue el rendimiento esperado se sigan ciertas consecuencias para él.
- Las personas esperan que quienes realicen los mejores trabajos logren los mejores resultados.

Este enfoque de la motivación tiene varias e importantes consecuencias a la hora de intentar comprender la fluctuación:

- El trabajador se motiva con la *buena dirección por objetivos*, por lo que estos deben responder a estimaciones reales, a exigencias difíciles pero alcanzables.
- Las recompensas por logro deben estar muy bien alineadas con las verdaderas expectativas del trabajador. Ello requiere conocimiento fino de la gente, su cultura, sus verdaderos intereses.

Dicho en otras palabras, si la persona no se siente desafiada por el trabajo a realizar, o se desconocen sus expectativas más sentidas o, lo que es peor, se crean expectativas falsas que la organización no cumplirá, entonces con toda certeza aparecerá la desmotivación y pérdida de compromiso.

Teoría de la Equidad de Stacey Adams

La teoría anterior habla de que esperamos una recompensa acorde al esfuerzo realizado. Esta nos dice más: la recompensa tiene que ser justa si nos comparamos con otro.

"La teoría de la Equidad sostiene que la motivación, desempeño y satisfacción de un empleado depende de su evaluación subjetiva de las relaciones entre su razón de esfuerzo – recompensa y la razón de esfuerzo – recompensa de otros en situaciones parecidas" (Stacey Adams. Cit. por Valdés Herrera, 2006)

$$\frac{\text{APORTES PROPIOS}}{\text{RESULTADOS PROPIOS}} = \frac{\text{APORTES DEL OTRO}}{\text{RESULTADOS DEL OTRO}}$$

Motivación

Quiere decir que además de interesarnos la obtención de recompensas por nuestro desempeño, también esperamos que estas sean equitativas, lo que hace mucho más compleja la motivación.

La consecuencia es clara: si el trabajador percibe injusticia dentro de la gestión de la empresa, incluso no directamente aplicada a él, esta será una razón suficiente para romper el vínculo emocional con la organización y sentir el "empujón" en busca de un nuevo empleador.

Teoría de los Dos Factores de Herzberg

Recompensa Justa es lo que sacamos en limpio de las dos concepciones anteriores. Son la voz del sentido común, puro reconocimiento de la naturaleza humana, sólo que lo olvidamos. Ambas teorías explican cómo las personas se motivan (o desmotivan), por esto se les conoce como *teorías de proceso*. Las *teorías de contenido*, de las cuales nos interesa una, describen qué es concretamente lo que motiva en el trabajo.

Camino a la Excelencia. Formación y Retención del Talento empresarial

F. Herzberg hizo al respecto un descubrimiento muy interesante: encontró aspectos en nuestra vida laboral que nos hacen sentir bien, nos provocan satisfacción... pero no nos motivan. Otros, en cambio, tienen un fuerte carácter motivacional. A unos los llamó *Factores Extrínsecos* o *Higiénicos*, a los otros *Factores Intrínsecos* o *Motivacionales*.

En el gráfico siguiente podemos apreciar todo el conjunto de cuestiones encontradas y valoradas en la investigación de Herzberg, así como la carga motivante (porcentajes favorables) o generadora de insatisfacción (porcentajes desfavorables) de cada aspecto.

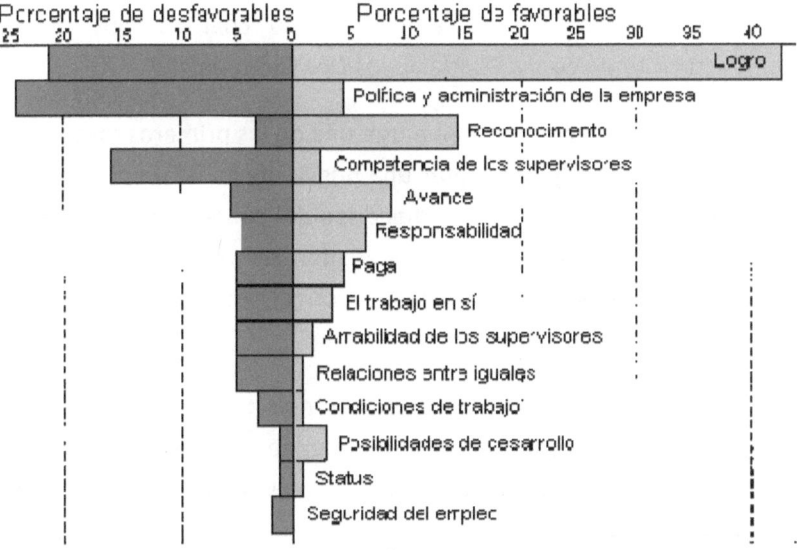

Los Factores Higiénicos son factores externos a la tarea. Su presencia elimina la insatisfacción, pero no garantiza una motivación que se traduzca en esfuerzo y energía hacia el logro de resultados.

Los factores Motivacionales hacen referencia al trabajo en sí. Son aquellos cuya presencia o ausencia determina el hecho de que los individuos se sientan o no motivados[5].

En resumen es el *Lograr cosas*, el *Reconocimiento*, el *Avance profesional*, lo que más nos motiva y probablemente lo que *atrae* cuando se cambia de empleador. La *Mala Administración*, los *Supervisores Incompetentes*, también el no poder auto-realizarse constituye los principales insatisfactores en el trabajo y lo más seguro *empujarán* hacia el cambio de empresa.

Existe mucha evidencia empírica actual (Ángel, 2005. Henning, 2005. Kallus, 2004) acerca del contenido de las motivaciones de quienes deciden cambiar de empleador, lo cual es muy interesante y consistente con la Teoría de los Dos Factores.

Dichos estudios apuntan a que una de las primeras razones que llevan a un trabajador a aceptar una nueva oferta de empleo es el deseo de *nuevos desafíos* (o la mediocridad del contenido del trabajo actual) A este argumento también se añaden las *perspectivas de carrera*, que eran relativamente limitadas con el empleador precedente, pero satisfactorias con el nuevo.

En cuanto al *aumento de sueldo*, éste tiene un papel mucho menos importante de lo que se cree en general. La mayoría de los estudios destaca que los incrementos salariales solamente llegan al final de la

---

[5] Dentro de los conceptos de **Motivación** propongo para la lectura de este trabajo el de R. Solana: "La motivación es una combinación de procesos [...] que decide, en una situación dada, con qué vigor se actúa y en qué dirección se encauza la energía" (p. 208)

lista de los motivos que incitan a cambiar de empleador (Rippe, 1974. Ángel, 2005. Ref. por Hirschfeld, 2006)

Y algo realmente sorprendente, contrario a ser una iniciativa puramente pragmática y orientada hacia los beneficios, la decisión de cambiar o no de empleo se basa en gran medida en los *vínculos afectivos* del trabajador con la empresa. Se trata de una decisión predominantemente **emocional**.

Resumiendo: un trabajo desafiante, con posibilidades de éxito y logro, recompensas justas y algún nivel de certidumbre respecto a cómo vamos a hacer carrera es lo que nos moviliza y, de fallar, otro empleador con seguridad atraerá a los mejores colaboradores de la empresa. Por otro lado, una administración mal definida y la presencia de mandos mediocres donde se hecha de menos el liderazgo efectivo (probablemente con la existencia de conflictos internos, agotamiento y desorientación) empujarán fuera lo más valioso de la organización generando una rotación perniciosa en todos los órdenes posibles.

EL CONTRATO PSICOLÓGICO

Hasta que no escuché del llamado *Contrato Psicológico* no fui capaz de comprender a plenitud el tema que venimos tratando. Todo lo que hemos visto hasta el momento se resume o recoge en el Contrato Psicológico.

El término aparece en el ambiente empresarial hacia la década del sesenta, exactamente con la presentación de tres estudios sobre actitudes y conductas en el lugar de trabajo. El primero fue *Understanding Organizacional Behavior* (Argyris, 1960), seguido por *Men, Management, and Mental Health* (Levinson et al., 1962) y *Organizacional Psychology* (Schein, 1965).

Contrato Psicológico es, para precisar:

"... una adición al acuerdo económico que cubre los salarios, las horas de trabajo y sus condiciones (...) Define las condiciones de compromiso psicológico del empleado con el sistema" (Davis y Newstron, 1991)

"...un conjunto de expectativas, no escritas en parte alguna, que operan a toda hora entre cualquier miembro y otros miembros y dirigentes de la organización". (Schein, 1992)

"... la creencia individual acerca de los términos y condiciones de un intercambio recíproco acordado entre una persona y otra parte" (Rousseau, 1989. Cit. por Topa Cantisano, 2005)

Por supuesto este contrato es una metáfora que la ciencia ha inventado para nombrar la manera como el trabajador define internamente su relación con la empresa o institución que le emplea. Sucede que el Contrato Laboral legalmente establecido no recoge todos los aspectos que vendrán a regular (implícitamente) la relación entre el trabajador y la organización, y que son igual de legítimos en tanto podrían romperla en cualquier momento.

La relación laboral es algo más que horarios, contenidos de trabajo y paga; está condicionada, como ya analizamos al estudiar la motivación, a un cúmulo de expectativas y requisitos que la regulan. La relación laboral, puntualicemos, se define como un *proceso de reciprocidad* en el que cada uno evalúa lo que está ofreciendo y lo que está recibiendo a cambio. Por esto el contrato psicológico es tal en la medida que en él recogemos (mentalmente) lo que esperamos de la empresa. Pero hay un detalle, es psicológico, probablemente no sea conocido por los agentes que representan a la entidad.

Tal contrato es la materialización de las motivaciones, expectativas, juicios, idiosincrasia del trabajador, lo que este cree que es justo y se merece. Incide en cómo va a percibir e interpretar todo los eventos a su alrededor.

"El Contrato Psicológico – destaca Tazarona – pasa a ser el determinante de la mayoría de situaciones cotidianas al momento que un individuo interactúa con cualquier grupo humano decidiendo si es que permanece integrándolo o no en función de la satisfacción de sus expectativas" (Tazarona, 2005)

El Contrato Psicológico no es estático

Algo que pasamos por alto a menudo es el sencillo hecho que las relaciones laborales (y todas las relaciones) cambian con el tiempo, del mismo modo que nuestras expectativas respecto al trabajo y las condiciones de nuestro comprometimiento.

"En la medida en que las necesidades y las fuerzas externas cambian, cambian también las expectativas, convirtiendo al contrato psicológico en un contrato *dinámico* que debe *negociarse* constantemente". (Arana Mayorca, 2003)

El contrato psicológico cambia a medida que se modifican las necesidades de la organización y del individuo. Lo que un trabajador espera de su trabajo a los 25 años de edad puede ser completamente diferente de lo que espera a los 40.

La *reevaluación del contrato psicológico* es especialmente significativa cuando se producen cambios en la organización, cuando se plantean nuevas políticas y procedimientos, se designan nuevos jefes, acontecen incrementos o afectaciones en los salarios, acciones disciplinarias, nuevos estándares de rendimiento, o con la percepción de injusticia (Guzzo *et al.*, 1992; Wiesenfield y Brockner, 1993. Ref. por Tena Tena, 2002).

Con el paso del tiempo, se puede dar además un cambio en el contrato a medida que las partes varían sus percepciones por la creencia de que uno ha cumplido con las obligaciones mientras el otro no. Se ha constatado que las percepciones de los trabajadores de sus contratos psicológicos cambian notablemente al creer que sus obligaciones disminuyen con el tiempo mientras las obligaciones de la organización se incrementan (Robinson *et al.*, 1994. Ref. por Tena Tena, 2002)

Este detalle es muy llamativo pues, si al principio de la relación laboral la persona se siente más obligada con la empresa, con el correr del tiempo esta ecuación se irá invirtiendo, lo que hará probable que perciba se han violado sus expectativas pues espera dar menos... y recibir más.

Camino a la Excelencia. Formación y Retención del Talento empresarial

Violación del Contrato

La violación del contrato psicológico viene a ser, a los efectos de explicar el fenómeno de la demisión, la causa más negativa por la manera como deteriora la relación trabajador-empresa. No está demás decir que este trabajador probablemente nunca regrese, coopere poco durante su partida y se convierta en un promotor negativo de la institución comprometiendo futuros reclutamientos y hasta negocios.

Por violación de contrato psicológico entendemos la percepción de que la propia organización ha fallado en el cumplimiento adecuado de una o varias de las obligaciones que componían el contrato. El uso del término *violación* aquí no es casual, sino que procura transmitir esa fuerte experiencia emocional negativa, con sentimientos concomitantes de traición e injusticia, y la respuesta de ira o decepción que el trabajador experimenta (cambiar de empleo suele ser, lo vimos, una decisión muy emocional)

La violación de contrato psicológico puede originarse de dos maneras: *incumplimiento o incongruencia*. El incumplimiento se produce cuando el agente de la organización conscientemente rompe una promesa hecha al trabajador (algo bastante criticable); mientras que la incongruencia sucede cuando entre el trabajador y el representante de la Administración existen diferentes entendimientos acerca de una promesa.

En muchas ocasiones de incumplimiento de contrato psicológico, quienes representan a la empresa creen sinceramente que han respondido a sus promesas mientras el trabajador percibe que la organización le ha fallado.

Camino a la Excelencia. Formación y Retención del Talento empresarial

1) *Modos distintos de representarnos una misma cosa*, 2) *la complejidad o ambigüedad en nuestras obligaciones*, 3) *la falta de comunicación*, son tres de los más frecuentes factores que juegan un papel primordial en el surgimiento de tal incongruencia.

En este sentido es importante reconocer que "vivimos en un mundo de promesas implícitas que forman normalmente parte de la cultura de las organizaciones, y el carácter implícito de estas promesas se hace obvio sólo cuando se quiebran... El debería ser, expresión propia de nuestra molestia, es la expresión de promesas implícitas no compartidas" (Herrera, 2005)

Cuando percibimos discrepancia entre nuestra realidad y lo que esperábamos (recordemos las Teorías de las Expectativas y la Equidad) comienza de inmediato un *proceso de comparación* a través del cual el trabajador sopesa sus propias promesas y contribuciones, por un lado, y las promesas y contribuciones de la empresa, por el otro. Es posible que dicho proceso de comparación desemboque en la percepción de una ruptura del contrato, porque el trabajador encuentre que sus contribuciones no han sido adecuadamente correspondidas.

La percepción de violación del contrato puede tener serias consecuencias desde el momento en que daña la confianza y la buena fe que es inherente a la relación laboral. Pueden cesar el compromiso y las conductas pro-rol, ese extra tan necesario hoy día, cuando los trabajadores perciben que las promesas hechas han sido rotas y que han sido tratados injustamente.

La pérdida de confianza es especialmente importante porque se considera crucial para la efectividad organizacional. La pérdida de compromiso y de iniciativa del trabajador puede ser costosa para la empresa en términos de productividad, calidad y clima laboral.

Camino a la Excelencia. Formación y Retención del Talento empresarial

Si vamos a representarnos el efecto de la violación diremos que el trabajador "toma distancia", se separa psicológicamente del empleador. Estará menos dispuesto a esperar, se implicará menos y su relación será un poco de "toma y daca", toma y dame, ahora, sin mayor compromiso ni futuro[6].

Puede que todavía dure un poco más en la organización, pero sin fidelidad, sólo porque no queda más remedio. Este tipo de situación no se refleja en las estadísticas, pero deja huellas. Un trabajador que interiormente tomó distancias con la empresa, debilitó su apego, redujo su dedicación a nivel moderado y permanece abierto a toda oferta de empleo externa, sin dudas no nos dará su mejor contribución e influencia.

La necesidad de cambio de empleo que no ha podido concretarse (fluctuación potencial) siempre va a golpear la productividad y calidad del trabajo, la iniciativa del trabajador y la agilidad ante el cambio que requiere la empresa.

---

[6] McNeil (1985) propuso una distinción de los Contratos Psicológicos: **Contrato Relacional**, que sería el a más a largo plazo y comprometido; **Contrato Transaccional**, envuelve expectativas para "aquí y ahora", centrado en recompensas inmediatas, sin comprometimiento con el empleador.

VAMOS A FIDELIZAR AL TRABAJADOR EFICAZ

Fidelizar Clientes, Posicionarse en el Mercado, pueden ser dos de las metas más tradicionales y actuales dentro de cualquier empresa pero, mirando hacia dentro de la organización, la que en definitiva produce u ofrece servicios gracias a su gente, *know how*, sinergias internas, motivación... no es descabellado resaltar la necesidad conjunta de ***fidelizar al Trabajador y posicionarse en el Mercado Laboral*** como una institución atractiva a los ojos de quienes están en condiciones de trabajar. Son numerosos los ejemplos de empresas o grupos empresariales que han adoptado esta política y su acción comercial se ha visto lógicamente robustecida.

En verdad nos damos cuenta que miramos con tanta atención hacia fuera de la organización que se nos olvida quiénes somos, perdemos contacto con nuestra identidad corporativa, lo que nos distingue y el cómo nos estamos sintiendo en el proceso. Al final indefectiblemente la empresa no sabe a dónde se dirige, marcha sin estrategia ni visión, acumula decisiones contradictorias y apenas sobrevive. Hablamos de una organización inmadura que oscila al son del ambiente sin crear y consolidar sus fortalezas.

Simplemente no es posible aspirar al éxito y la eficacia organizacional obviando a la propia organización, en particular su cultura y clima empresarial.

Y dentro de la cultura de la empresa, su estrategia y políticas, una línea central de acción es asegurarse la fidelidad de los colaboradores cuya presencia se considera estratégicamente vital por la contribución que realizan y el costo que implica perderlos. En nuestro ámbito llamamos a estos: "puestos clave". Comencemos por identificarlos correcta y exhaustivamente (un puesto clave puede ser algo muy relativo y circunstancial)

Camino a la Excelencia. Formación y Retención del Talento empresarial

Segmentar para fidelizar

Si hacemos caso a los que han trabajado el tema de la fidelización del personal, nos sumamos al consenso según el cual el instrumento de fidelización debe idearse para una aplicación selectiva, dirigiéndose principalmente a los más eficaces, dejando irse con celeridad a las personas menos eficaces.

Los esfuerzos de retención deben sobre todo a ante todo destinarse a los "empleados estratégicamente importantes" que serían difíciles de reemplazar. En términos empresariales "no todos los empleados tienen el mismo nivel de resultado, por consiguiente no hay motivo de sentirlo de la misma manera cuando se van" (Dalton 2005. Cit. por Hirschfeld, 2006)

Existe un hecho que sabemos y nos desagrada mencionar: la retención de personas poco eficaces no solamente compromete el éxito de la empresa, sino que también se corre el riesgo de desmotivar al resto del personal.

Es evidente que el concepto de retención basado en una *clasificación de los trabajadores*, requisito en boga para una eficaz gestión de personas y derivado del enfoque de Gestión por Competencias, sólo es efectivo en función de la calidad de la Evaluación del Desempeño. Pero esta a menudo enfrenta serios problemas de metodología y varía en gran medida según el evaluador. Por esta razón es recomendable abordar con prudencia nuestra política de *gestión selectiva de las fluctuaciones*.

Camino a la Excelencia. Formación y Retención del Talento empresarial

Acciones de fidelización

Pueden desatarse muchas acciones con el fin de fidelizar a los trabajadores valiosos de la organización pero, como diría un sabio budista, la esencia no está en conocerlas, sino practicarlas. A continuación presento un extracto listo para ser aplicado:

1. Diga al posible trabajador en trámites de reclutamiento lo que realmente puede esperar de la empresa. Sea sincero y busque que entre ambos exista una verdadera adecuación de intereses.

2. Oriente la acogida y formación inicial del nuevo trabajador, no sólo a brindar información, sino a trasmitir la Cultura (valores, costumbres, creencias) de la empresa y Sentido de Pertenencia.

3. Organice el trabajo de sus puestos de una manera atractiva, con dosis de Autonomía y posibilidades de Éxito. Confíeles un papel importante que refuerce su *sentimiento de vinculación* a la empresa (una acción interesante es designarlos líderes de un grupo o proyecto)

4. Ofrezca constantemente posibilidades de desarrollo: promoción, especialización. (Puede que aumente el peligro de que sean "desviados" por otros empleadores pero es un riesgo necesario)

5. Desarrolle sistemas de incentivos y reconocimiento que, asegúrese, respondan a las aspiraciones del trabajador.

6. Sondee el nivel de compromiso de los trabajadores con la empresa y la existencia o no de intenciones de marcharse. Este sondeo debe permitir identificar los obstáculos a la motivación y resaltar las oportunidades de mejora.

7. Practique las *Entrevistas de Separación* con los trabajadores que dejan la empresa para reunir información sobre los motivos de su decisión y, en un ambiente de confidencialidad, obtener la información más sincera posible sobre los puntos débiles y los problemas tal y como los percibe el trabajador.

ASUMIR PRODUCTIVAMENTE LA FLUCTUACIÓN

Es difícil ser productivos cuando nos sentimos frustrados. Por lo mismo la empresa -sus agentes- tienden a reaccionar con negatividad cuando un trabajador valioso decide irse a pesar de nuestro esfuerzo por retenerlo. Conocemos lo que costará encontrar y ubicar a un reemplazante, la inevitable demora o renuncia de proyectos, el engorroso proceso de integrar al recién llegado, etc. Este alto costo extra-contable explica quizás por qué la empresa "cierra los ojos" a la posibilidad de que sus mejores hombres dimitan, los considera completamente fidelizados y el simple hecho de que puedan estar abiertos a otras propuestas es considerado como alta traición.

Constatamos que normalmente no se comprende ni acepta la decisión del trabajador "desleal". Muy a menudo los superiores "heridos" olvidan tratar de retener a quien ha decidido irse, cuando podría existir objetivamente esta posibilidad, sólo porque la demisión es escuchada por la empresa como un golpe bajo que trastorna por completo la relación. Con el anuncio de demisión cambia a fondo la actitud hacia el trabajador pudiendo desaparecer incluso las relaciones de cortesía.

Me parece apropiado concluir entonces nuestro análisis sobre la Gestión de la Retención compartiendo par de ideas útiles sobre cómo sobrellevar con positividad la fluctuación.

Comenzar por aceptar que siempre habrá trabajadores de alto nivel que dejarán la empresa, aunque esta figure entre las mejores posicionadas en el mercado laboral y aplique toda la variedad de medidas previstas para retener al personal.

Lo fundamental ante esta situación es que considere como de suma importancia la *calidad de las relaciones* con las personas que se marcha de la empresa. Al respecto una planificación cuidadosa del período desde que el trabajador anuncia su decisión hasta su separación efectiva puede representar grandes ventajas para la empresa, los colegas que se quedan y el sucesor.

Es esencial utilizar el tiempo que queda de manera constructiva.

CONCLUSIONES

Después de todo lo visto conmueve encontrar organizaciones que se muestran insensibles a la fluctuación, sin políticas ni análisis responsables al respecto, sin que exista la más mínima apreciación de sus costos. Estas organizaciones, más frecuentes de lo que pensaríamos, no entran a analizar y discutir dichas cuestiones, no las incluyen como criterio de eficacia en la gestión de personas y de empresa... y cometen un error.

Cuando la Administración se resiente o es indiferente ante la demisión, no analiza dónde y cómo pudo hacer mejor las cosas, cuándo y cuánto obvió el *Contrato Psicológico* del trabajador, qué acciones de fidelización se quedaron sin aplicar. De esta manera desaprovecha importantes oportunidades de mejora utilizables de inmediato.

En el momento que la Dirección de Recursos Humanos asume como problema técnico propio la fluctuación laboral, cuando elabora análisis "legibles" para quienes no son peritos de la materia y provee a los jefes vías y medios para fidelizar a sus trabajadores, en este momento la Gestión de Recursos Humanos gana relieve y significación, hace justicia a la complejidad de su cometido y promueve en la organización algo fundamental: la capacidad de retener su Capital Humano.

BIBLIOGRAFÍA

Arana Mayorca, W: El Contrato Psicológico. Agosto 2003. Disponible en http://www.gestiopolis.com/canales/derrhh/articulos/63/contpsi.htm

Curbelo Tribicio, I. y otros: "La Fluctuación de la Fuerza de Trabajo en la Ganadería" en <u>Observatorio de la Economía Latinoamericana</u> Número 28, julio 2004. Texto completo en:

http://www.eumed.net/cursecon/ecolat/cu/

Davis, K. y J. Newstron: Comportamiento Humano en el trabajo, Comportamiento Organizacional. McGraw-Hill. México, 1991

Herrera, R.: Recomponiendo relaciones. El tema de la confianza. Octubre 2005. Disponible en:

http://geho.blogspot.com/2005_10_01_geho_archive.html

Hirschfeld, K.: Retención y fluctuación: Retener empleados - Perder empleados. Berlín, 2006. Disponible en: http://www.union-network.org/Unisite/Groups/PMS/publications/Retention-ES.pdf

Schein, E.: Psicología de la Organización. Prentice-Hall. México, 1992

Solana, R. F.: Administración de Organizaciones. Ediciones Interoceánicas S.A. <u>Buenos Aires</u>, 1993.

Tarazona, D.: Contrato Psicológico y Expectativas Laborales. Diciembre 2005. Disponible en:

http://www.monografias.com/trabajos28/contrato-psicologico/contrato-psicologico.shtml

Camino a la Excelencia. Formación y Retención del Talento empresarial

Tena Tena, G.: El Contrato Psicológico: relación laboral empresa-trabajador. Octubre 2002. Disponible en:

http://wzar.unizar.es/acad/fac/eues/REVISTA_AIS/15_AIS/AIS_15(06).pdf

Topa Cantisano, G.: "Cuando la confianza se ha perdido... Valoración del modelo de violación de contrato psicológico de Morrison y Robinson", en Revista Iberoamericana Electrónica de Psicología Social. Vol. 3, No.1. Diciembre 2005. Disponible en:

http://www.psico.uniovi.es/REIPS/v1n1/art6.html

Valdés Herrera, C.: La Motivación. Octubre 2006. Disponible en: http://www.gestiopolis.com/canales5/rrhh/lamotici.htm

www.ingramcontent.com/pod-product-compliance
Lightning Source LLC
Chambersburg PA
CBHW021019180526
45163CB00005B/2020